NOTICE

SUR
LES PROPRIÉTÉS, LE MODE D'ACTION
ET
L'EMPLOI THÉRAPEUTIQUE
DES
EAUX MINÉRALES D'ENGHIEN

Par le Dr E. JAPHET

Médecin-inspecteur des eaux d'Enghien
Membre de la Société d'hydrologie médicale de Paris
Officier de la Légion d'honneur, etc.

---•O•---

PARIS
IMPRIMERIE MOTTEROZ
Rue du Four, 54 bis
1881

LES EAUX MINÉRALES

D'ENGHIEN

NOTICE

SUR

LES PROPRIÉTÉS, LE MODE D'ACTION

ET

L'EMPLOI THÉRAPEUTIQUE

DES

EAUX MINÉRALES

D'ENGHIEN

Par LE Dr E. JAPHET

Médecin-inspecteur des eaux d'Enghien
Membre de la Société d'hydrologie médicale de Paris
Officier de la Légion d'honneur, etc.

PARIS

IMPRIMERIE MOTTEROZ

Rue du Four, 54 bis.

PRÉFACE

Le but de cette Notice est de résumer en quelques pages ce que de longues années d'expérience ont appris sur la composition, le mode d'action et les applications thérapeutiques des Eaux minérales d'Enghien, dans certaines classes de maladies chroniques.

Laissant de côté les faits accessoires, les particularités ou les interprétations dont la nouveauté constitue l'un des entraînements des études hydrologiques, notre intention est surtout de rappeler et de grouper, en les basant sur l'observation clinique, les indications et les contre-indications de cette station thermale.

Ainsi limité, ce mode de publication ne peut offrir d'intérêt aux médecins auxquels il s'adresse, que par les notions précises et exactes qu'ils y trouveront. Le choix et l'indication d'une médication thermale devient chaque jour, en effet, un problème plus complexe ; ce qui tient à ce que, depuis quelques années, sont apparues de nouvelles eaux minérales, offrant des propriétés particulières ou reproduisant plus ou moins celles des stations thermales depuis longtemps connues, et qu'il en est résulté une activité plus grande dans les études et les recherches auxquelles elles donnent lieu, subissant du reste, les unes et les autres, l'influence des découvertes, des progrès et des courants de la thérapeutique moderne.

Cette abondance de ressources, féconde pour le malade, qui peut ainsi trouver dans chaque région et à sa portée une médication thermale appropriée à son état, peut aussi devenir un embarras pour le praticien, et, dans l'impossibilité actuelle de trouver une classification rigoureuse et pratique des eaux minérales, il se fait un effort des plus louables en faveur de la synthèse ou plutôt de la spécialisation médicale des diverses stations thermales.

Cette spécialisation, considérée d'une manière absolue, nous paraît offrir des difficultés presque insurmontables. Si les grands agents de la matière médicale, en dehors même de leur vertu spécifique, trouvent leur opportunité d'action dans des maladies de diverse nature, à plus forte raison en est-il de même pour une eau minérale : médicament complexe dans son essence, formé par le rapprochement de principes associés dans un état de combinaison plus ou moins définie, administré selon des modes et dans des circonstances qui développent ou fécondent ses effets, il a, plus que tout autre, la faculté de réaliser simultanément ou isolément plusieurs actions thérapeutiques, et de convenir à des maladies différentes.

Cependant, et sans négliger de pareilles ressources, que l'on peut toujours utiliser selon les cas, les exigences de situation ou les convenances du malade, on peut dire qu'il est dans beaucoup de stations thermales, et celle d'Enghien est de ce nombre, un certain groupe d'affections qui figurent au premier plan et s'y donnent d'autant plus volontiers rendez-vous, que l'expérience a consacré les guérisons qu'on y observe sur une plus grande échelle.

Sous cette réserve et ainsi comprise, la spécialisation des eaux minérales mérite d'être conservée dans chaque station thermale.

Cette Notice comprendra donc deux parties : la première est un aperçu rapide des Eaux d'Enghien, considérées au point de vue de leurs propriétés physico-chimiques, de leur mode d'emploi et de leur action physiologique.

La seconde partie est réservée à leur usage en thérapeutique, leurs indications et leurs contre-indications envisagées :

1° Dans les maladies diathésiques, générales ou locales, qui ressortissent particulièrement de cette station.

2° Dans les maladies de nature diverse où, sans être aussi spécialement indiquées que dans les précédentes, elles peuvent être et sont employées chaque année avec succès.

Ces considérations reposent du reste sur un nombre considérable d'observations recueillies depuis plusieurs années dans ma pratique particulière : avec des nuances diverses, elles reproduisent les résultats cliniques déjà consacrés par les médecins-inspecteurs, mes prédécesseurs, le baron Alibert, Rayer, Donné, Bouland et surtout de Puisaye, auquel les Eaux d'Enghien doivent une Étude médicale complète, poursuivie pendant vingt-cinq années avec autant de talent que de vérité scientifique.

La proximité d'Enghien a de plus rendu la clinique de ses eaux accessible à un grand nombre de médecins de Paris; mais, à ce sujet, qu'il me soit permis de reproduire ici la conclusion par laquelle M. le docteur Desnos termine l'article consacré aux Eaux minérales d'Enghien, dans le *Nouveau dictionnaire de médecine et de chirurgie pratiques* :

« Les Eaux d'Enghien répondent à la plupart des besoins thérapeutiques auxquels satisfont un grand nombre d'eaux sulfureuses. Le nombre peu considérable d'eaux minérales dans la région qu'elles occupent, leur voisinage d'un grand centre de population, les placent dans une condition spéciale. Elles rendent de grands services à ceux que des raisons d'intérêt ou de toute autre nature empêchent de quitter Paris, et surtout aux malades que leur état empêche d'entreprendre un voyage de quelque durée, celui des Pyrénées par exemple. Mais à côté de ces avantages il existe un écueil contre lequel il faut prémunir les malades. Il est réservé au repos physique et moral une part indéniable dans les résultats du traitement thermal. Il faut s'élever contre cette prétention de quelques personnes de se rendre journellement de Paris à Enghien pour y suivre la cure. Plusieurs m'ont avoué que des tentatives de ce genre exécutées par elles en dépit des conseils médicaux leur avaient été plus nuisibles qu'utiles par suite de la fatigue qu'elles en éprouvaient. »

Mes observations concordent avec la judicieuse appréciation de l'honorable médecin de la Pitié, et les guérisons se remarquent plus particulièrement chez les malades qui viennent à Enghien faire une cure dans les mêmes conditions que dans les autres stations thermales.

15 mai 1881.   E. J.

PREMIÈRE PARTIE

Situation. — Enghien-les-Bains est situé sur les confins du département de Seine-et-Oise, à 14 kilomètres et à 20 minutes de Paris, par la ligne du chemin de fer du Nord.

Jadis simple hameau qui ne devait qu'à son lac et aux sites pittoresques de ses environs d'être visité par les chasseurs et les touristes, Enghien est devenu, par ses eaux minérales, une station thermale importante, et une charmante petite ville offrant, aux portes de Paris, toutes les ressources d'une existence facile et agréable.

Cette transformation, commencée en 1825, époque à laquelle le roi Louis XVIII venait, sur les conseils du baron Portal, faire une cure à Enghien, et continuée les années suivantes, pendant lesquelles on vit les thermes d'Enghien fréquentés par les notabilités les plus renommées, a pris un nouvel essor en 1863.

A cette époque, en même temps que de nouvelles sources d'une grande abondance et d'une riche minéralisation étaient découvertes, on procédait à la reconstruction du Grand Établissement thermal ; désormais approprié à toutes les applications de la balnéothérapie moderne, il est resté et est encore aujourd'hui l'un des plus complets et des mieux aménagés pour le traitement des malades.

Les eaux. — La première source d'eau minérale sulfureuse a été découverte en 1766, par le P. Cotte, curé de Montmorency; il en existe aujourd'hui 9 que l'on peut, selon l'époque de leur découverte et de leur exploitation, diviser en deux groupes :

1º Le groupe ancien, qui comprend, les *Sources du Roi* (anciennement Cotte), *Deyeux*, *Péligot*, *Bouland* et *de la Pêcherie;*

2º Le groupe nouveau, constitué par les *Sources du Nord, de Puisaye* (anciennement des Roses), *du Lac* et *du Petit-Établissement.*

Découvertes en 1863, les sources de ce dernier groupe ont été l'objet d'aménagements importants et sous la direction de M. François, ingénieur en chef des mines : celle du Lac, dont le griffon émerge au fond du lac d'Enghien, y a subi un captage très réussi, imperméable aux eaux douces qui l'entourent, et présente le degré de sulfuration le plus élevé.

Débit. — Le rendement de ces diverses sources en a été considérablement augmenté : dans une récente notice, M. Sauvage (1), ingénieur des mines, fixe à 618,000 litres par 24 heures le débit de ces diverses sources; le récent nettoyage de la source du Lac et la vérification possible des différentes sources après le remplissage du lac d'Enghien, préalablement mis à sec cette année, me fait regarder ce chiffre comme un peu au-dessous de la vérité; en toute circonstance, cette quantité d'eau minérale, représentant 6180 hectolitres par 24 heures, suffit largement à toutes les exigences du service balnéaire.

Propriétés physiques. — Les eaux d'Enghien figurent au premier rang parmi les eaux sulfurées calciques, eaux sulfhydriquées.

Leur température varie de 13 à 15°; leur densité moyenne est de 1,005.

Prise au griffon, l'eau d'Enghien est parfaitement limpide, incolore, légèrement gazeuse, à odeur et saveur fortement hépatiques, avec un arrière-goût fade ou un peu alcalin.

---

(1) *Annales des mines*, juillet-août 1880. Notice sur les eaux minérales des départements de Seine-et-Oise, de Seine-et-Marne et du Loiret.

Composition chimique. — Sous le rapport de la composition chimique, les diverses sources d'Enghien diffèrent peu les unes des autres : on y retrouve les mêmes corps constituants en proportions variables, mais ce qui frappe au premier abord, c'est l'abondance du principe sulfuré que l'on y rencontre. C'est ainsi que les expériences sulfhydrométriques, faites avec la liqueur de Dupasquier, donnent les résultats suivants, pour un litre d'eau minérale :

Acide sulfhydrique en volume.

Sources du Lac, 44°30, correspondant à 38,7325
Source de Puisaye, 36°10, correspondant à . . . 31,5631
Source du Nord, 34°70, correspondant à. 30,3390

D'autre part, la comparaison des diverses analyses faites, d'abord par de Fourcroy, puis par de Puisaye et Leconte, Fremy, Ossian Henry, Réveil, permet de fixer de la manière suivante la composition en poids des substances contenues dans un litre d'eau d'Enghien :

Corps gazeux
- Acide sulfhydrique 0,0453
- Acide carbonique libre 0,1419
- Azote . . . . Indéterminé

Matière organique azotée. 0,1390

Corps fixes
- Sulfate de potasse 0,0140
- — de soude 0,0176
- — d'alumine 0,0247
- — de chaux 0,2493
- — de magnésie 0,0788
- Silicate de chaux 0,0580
- — de magnésie 0,0258
- Carbonate de chaux 0,2773
- — de magnésie . . . 0,0081
- Borates et phosphates . . . . . Traces.
- Iodure de sodium . . . . Id.
- Fer et manganèse . . . . Id.
- Arséniate de soude . . . . . . Id.
- Lithine . . . . Id.

Total. . . . 1,0770

Il résulte de ces analyses que les eaux d'Enghien contiennent une forte proportion de soufre, et, ainsi que l'a fait remarquer

Ossian Henri, dans son rapport à l'Académie de médecine, « qui dépasse de beaucoup la quantité de ce métalloïde contenue dans les eaux sulfurées de la chaîne des Pyrénées. »

Elles ne sont pas moins remarquables, dit Réveil (1), par la proportion considérable de sels de chaux et de matières organiques qu'elles renferment ; de plus, parmi les nouveaux principes dont l'analyse a démontré la présence dans les eaux d'Enghien, il est important de rappeler celle de l'iode, de l'arsenic et de la lithine. Quoique ces principes existent dans ces eaux en proportions très faibles, ils doivent contribuer à leurs actions thérapeutiques ; il est admis en hydrologie que les effets produits par une eau minérale sont loin d'être en rapport avec la richesse des éléments qui entrent dans sa composition, mais plutôt déterminés par le mode selon lequel ils sont groupés et les circonstances qui ont présidé à sa formation.

Modes d'emploi. — Les eaux d'Enghien sont employées en boissons, gargarismes, bains, douches de tout genre, inhalations et pulvérisations.

Établissements thermaux. — Les malades sont soumis à ces divers modes de traitement dans deux établissements, le Grand et le Petit ou succursale, aujourd'hui réunis sous la même direction.

Nous avons déjà dit que le Grand Établissement est l'un des plus complets et des mieux conçus : il est aménagé de façon à ce que les malades puissent y passer de longues heures et accomplir sans inconvénient les diverses phases de leur traitement. Il a la forme d'un carré long, dont les deux grands côtés sont occupés : au rez-de-chaussée par les cabinets de bains avec douches, au premier étage par les cabinets de bains sans douches.

Les cabinets de bains du rez-de-chaussée ont le grand avantage d'être pourvus de deux appareils de douches, l'un de grande douche et à forte pression, l'autre de petite douche, destiné aux douches locales, le malade étant plongé dans le bain ; cette installation lui permet l'usage successif de ces deux modes de bal-

---

(1) *Analyse des sources du Lac, des Roses et du Nord, à Enghien,* par Reveil. 1865. Chez Germer-Baillière.

néation, et de subir pendant leur durée l'imprégnation sulfureuse.

Les deux longs côtés laissent entre eux un grand intervalle relié aux bâtiments par une galerie de 28 mètres de long sur 14 de large, et que la Société actuelle vient de faire recouvrir de vitraux bleus et dépolis; abritée des rayons du soleil, cette grande salle, confortablement aménagée, ornée de fleurs et de fontaine à eau sulfureuse jaillissante, sert de salle d'attente, de promenoir et de salle de respiration.

Les deux petits côtés du rectangle sont également composés d'un rez-de-chaussée et d'un étage, destinés aux cabinets de grandes douches, soit chaudes, soit écossaises, et à eau minérale, aux cabinets des douches locales, aux salles d'inhalation et au service hydrothérapique.

Les salles d'inhalation et de pulvérisation sont au nombre de deux, l'une pour les hommes et l'autre pour les dames, et sont aménagées d'une façon spéciale à Enghien : la pulvérisation y est produite par des machines à vapeur, qui remplissent les salles d'un brouillard épais, tiède, et au milieu duquel les malades sont soumis à deux actions distinctes, l'une résultant de la pulvérisation proprement dite, l'autre étant une véritable inhalation gazeuse. Une innovation récente permet d'y maintenir la température à un degré constant de 18° à 20° degrés, et sans changer la composition sulfureuse de l'atmosphère de la salle : il résulte, en effet, de nouvelles expériences, que cette atmosphère renferme la même quantité de principe sulfuré, reconnaissable, du reste, à l'odeur qu'on y respire, aux diverses nuances par lesquelles passe, en un temps donné, un papier imprégné d'une solution de sel plombique, ou encore à la facilité avec laquelle y noircissent les bijoux en argent.

Les baignoires sont au nombre de 100, munies chacune de trois robinets donnant l'eau ordinaire froide, l'eau ordinaire chaude et l'eau sulfureuse, de façon à varier à volonté la température et la minéralisation ; il existe en outre des baignoires à double fond, pourvues d'un serpentin traversé par un courant de vapeur, et qui servent pour des bains d'eau minérale pure, offrant une ressource précieuse dans certains cas, mais demandant d'être employés avec prudence.

En dehors des cabinets de douche avec les appareils les plus perfectionnés, il existe encore, et tous précédés d'un vestiaire ou d'un cabinet de toilette, des cabinets spéciaux pour bains russes, bains de vapeur, bains d'air chaud et fumigations de toutes sortes.

Le Petit Établissement, construit à quelques centaines de mètres du Grand, est alimenté par deux sources très abondantes; il est aménagé sur les mêmes principes que le Grand, avec moins de luxe, et les prix y sont moins élevés : seulement il ne contient pas de salles d'inhalation et les douches y ont une pression moins forte que l'on utilise chez les enfants et les personnes délicates.

Action physiologique. — D'une manière générale les eaux d'Enghien sont excitantes, toniques, reconstituantes; elles déterminent assez souvent, vers la fin de la première semaine, quelques-uns des signes de la fièvre thermale, rarement la saturation et la poussée; diurétiques et légèrement laxatives, elles ont surtout une action élective sur les muqueuses, notamment sur celle des voies aériennes et sur la peau. Mais il est des cas, et selon les modes d'administration, où l'on observe des phénomènes tout opposés, c'est-à-dire une véritable sédation du système circulatoire, et par suite du système nerveux; cette action hyposthénisante est particulièrement l'apanage des eaux sulfhydrées et sulfurées calciques, qui contiennent une quantité plus ou moins considérable d'hydrogène sulfuré libre ou mis rapidement en liberté.

En définitive, et ainsi que je l'ai formulé dans un autre travail sur les eaux d'Enghien, leur action physiologique se résume sous les trois propositions suivantes :

1º Action stimulante générale, fournissant tous les éléments d'une médication tonique et reconstituante :

2º Action d'activité spéciale sur la peau et sur les muqueuses des divers appareils de l'organisme, imprimant des modifications profondes à leur mode de fonctionnement, et donnant les éléments d'une médication substitutive, résolutive ou révulsive selon les cas.

3º Action sédative de la circulation et de la respiration, liée à celle de l'hydrogène sulfuré sur le système vasculo-cardiaque, et appropriée, par des procédés particuliers d'administration, aux indications thérapeutiques de la médication de même nom.

DEUXIÈME PARTIE

THÉRAPEUTIQUE
INDICATIONS ET CONTRE-INDICATIONS

MALADIES GÉNÉRALES OU DIATHÉSIQUES

Scrofule. — Par leurs propriétés stimulantes et toniques, les Eaux d'Enghien agissent sur les fonctions de nutrition et impriment aux organes une activité nouvelle; à ce titre, elles sont indiquées dans le lymphatisme, et les jeunes enfants s'en trouvent bien, alors même qu'il n'existe encore chez eux aucune détermination locale de la scrofule.

Lorsque celle-ci est confirmée, elles conviennent dans les accidents de la seconde période, savoir les scrofulides cutanées ou muqueuses : parmi les premières, nous trouvons l'eczéma et l'impétigo; parmi les secondes, les conjonctivites chroniques, coryzas, otites, otorrhées, amygdalites, angine scrofuleuse. On en retire de très bons effets dans les suppurations ganglionnaires, ayant produit des abcès sous-cutanés, multiples, avec trajets fistuleux, décollement de la peau et plaies sanieuses, anémiées et blafardes.

Un mouvement fébrile, irrégulier ou passager, la présence d'abcès en suppuration, ne contre-indiquent pas leur emploi; mais, comme toutes les eaux sulfurées, elles ne conviennent pas dans la période initiale et aiguë.

Dans les accidents de la troisième et quatrième période, excepté dans la phtisie et le catarrhe pulmonaire, dont il sera question plus loin, leur action est incertaine ou insuffisante.

« Si les eaux sulfurées sodiques chaudes, minéralisées par un composé moins stable, dit Bazin, sont en général plus irritantes que les eaux sulfurées calciques, cependant ces mêmes eaux ne sont douées d'aucune propriété qu'on ne puisse avec quelque art communiquer aux eaux sulfurées calciques. Les excellents résultats obtenus à Enghien dans les mêmes affections que celles envoyées aux Pyrénées sont un sûr garant de la justesse de nos assertions ; de sorte que, toute réserve faite sur les conditions accessoires climatériques ou autres, nous pensons que, dans la cure des scrofulides bénignes en particulier, l'établissement d'Enghien peut rendre autant de services que les stations pyrénéennes. »

Syphilis. — Aucune eau minérale ne guérit la syphilis ; mais lorsque, malgré l'usage des spécifiques et d'un traitement médical et hygiénique bien ordonné, la constitution s'altère et la guérison ne vient pas, les eaux sulfureuses sont indiquées. Celles d'Enghien rendent chaque année, dans ces cas, des services signalés, et leur emploi est indiqué dans les accidents secondaires et tertiaires ; parmi les premiers, je note surtout les syphilides cutanées, à formes papuleuse, squameuse, vésiculeuse ou ulcéreuse, et les syphilides muqueuses, qui ont pour siège la bouche, le pharynx, les fosses nasales et le larynx.

L'état d'éréthisme du malade, le degré de tolérance ou de saturation, l'état des forces et de la constitution peuvent seuls indiquer ou non l'opportunité d'associer la médication spécifique à l'usage de l'eau minérale. Les eaux d'Enghien peuvent donner à celle-ci une tolérance et une portée curative nouvelle, par suite de leur action reconstituante et éliminatrice par la surface tégumentaire. Les mêmes effets lui assurent de bons résultats dans la cachexie syphilitique, et après la disparition des syphilides, pour consolider la guérison.

(1) *Leçons sur le traitement des maladies chroniques en général et des affections de la peau en particulier, par les eaux minérales.* 1870. Delahaye. (P. 286.)

Arthritisme, goutte et rhumatisme. — Dans la *goutte*, les eaux d'Enghien sont contre-indiquées et n'ont produit que de mauvais résultats chez les malades qui ont cru devoir en faire usage sans prendre l'avis du médecin.

Le *rhumatisme chronique*, au contraire, et sous toutes ses formes, fournit aux eaux d'Enghien une source d'heureuses applications ; il résulte d'un très grand nombre d'observations qu'elles sont le mieux indiquées dans les cas suivants :

1° Rhumatisme musculaire chronique, à répétitions fréquentes, avec gêne ou empêchement de l'acte locomoteur.

2° Arthropathies et raideurs articulaires, succédant au rhumatisme articulaire aigu, et en dehors de toute complication cardiaque.

3° Rhumatisme articulaire chronique à marche progressive, occupant les petites articulations, et chez les malades à constitution faible et lymphatique.

Dans ces différents cas, l'établissement d'Enghien dispose de bains et de douches générales ou locales d'une grande puissance, dont on peut à volonté graduer la minéralisation, la température et la pression, et auxquels on peut joindre les bains d'étuve et le massage.

Diathèse tuberculeuse ; phtisie pulmonaire. — Les eaux sulfureuses ont, dans le traitement de la phtisie pulmonaire, une notoriété et une efficacité depuis longtemps reconnues ; des faits observés dans les diverses stations thermales, il résulte que l'eau minérale, dont les divers modes d'emploi commandent une judicieuse mesure, enraye les processus irritatifs dont s'entoure le tubercule dans son évolution, et dont l'enchaînement produit les poussées et les suppurations ultimes auxquelles elles aboutissent. M. Pidoux, avec la grande autorité de son expérience, pense même que certaines eaux sulfurées, les Eaux-Bonnes en particulier, auraient une action plus profonde, antidiathésique, en ce sens qu'elle s'opposerait à la genèse de nouveaux tubercules.

Quoi qu'il en soit, il est certain que les deux espèces d'eaux sulfurées, sodiques et calciques, sont généralement et très utilement employées dans le traitement de la phtisie pulmonaire, et que les mieux appropriées sont plutôt les sulfurées sodiques mal définies et les sulfurées calciques; de plus, avec des degrés différents et dont il faut tenir compte selon les cas, elles produisent des manifestations physiologiques similaires, et, dans l'état pathologique, des modifications identiques.

A Enghien, quand la médication est indiquée et bien conduite, les effets observés sont de deux ordres : l'un, que l'on retrouve dans toute médication thermale et que l'on désigne sous le nom de *remontement* général de l'organisme; cette action initiale sur l'état général se décèle par une activité nouvelle imprimée aux fonctions des organes de nutrition, et par suite de relation. — On l'observe dans toutes les périodes de l'affection tuberculeuse, aussi bien au premier qu'au troisième degré. — Le second effet, qui est spécial aux eaux sulfurées, consiste en une modification imprimée aux produits pathologiques dont le parenchyme pulmonaire est le siège, et qui varie selon le mode d'administration, c'est-à-dire selon que l'on emploie exclusivement ou non les inhalations. Cette modification se traduit d'abord par une exagération notable dans les phénomènes morbides : accélération du pouls, augmentation de la toux, de l'expectoration, suivie bientôt des phénomènes d'amélioration, que l'on peut constater par l'auscultation et dont la durée peut, selon les cas, être assez longue pour faire espérer la guérison.

De plus, nous observons à Enghien, sous l'influence de la médication thermale, de son action sur la surface tégumentaire et sur la circulation capillaire, soit la régularisation de fonctions supprimées ou compromises pendant l'évolution tuberculeuse, telles que celles de la menstruation chez les femmes, soit la réapparition de certains états morbides constituant cette espèce d'*équivalence diathésique* dont la clinique thermale constate chaque jour les utiles migrations.

Ceci posé, d'un nombre considérable d'observations recueillies par moi-même et par le Dr de Puisaye, mon prédécesseur, pendant une période de vingt-cinq années, il résulte que les indications de la médication sulfureuse d'Enghien dans la phtisie pulmonaire peuvent être formulées de la manière suivante :

1° Elle est employée avec avantage dans la première période :

l'action sédative de l'atmosphère pulvérisée des salles d'inhalation convient particulièrement dans les phtisies à forme hémoptoïque.

2° Elle a une influence réelle, efficace, contre les maladies qui compliquent et accompagnent la tuberculisation pulmonaire, telles que œdème, engouement, bronchite et pneumonie chroniques.

3° Elle donne ses meilleurs résultats dans la seconde période, quand l'affection est limitée, et chez les malades d'un tempérament lymphathique ou scrofuleux.

MALADIES DES APPAREILS ET DES ORGANES

Dermatoses. — Les maladies chroniques de la peau, que les eaux d'Enghien peuvent améliorer ou guérir, appartiennent aux formes humides, sécrétantes, aux espèces vésiculeuse, papuleuse et pustuleuse : parmi elles il faut citer surtout l'*eczéma chronique*, quel que soit son siège, et sous les formes simple, impétigineux et fendillé; puis le *lichen*, l'*acné disseminata* et *rosacea* (ou couperose).

Elles doivent être administrées quelque temps après la période aiguë, car le premier effet de la médication est de ramener la dermatose à l'état subaigu; l'action excitante devient substitutive, et, bien dirigée, peut alors conduire à la guérison.

Elles conviennent particulièrement chez les herpétiques de tout âge, à organisme torpide, où dominent les tendances catarrhales et dont les déterminations morbides se font sur la peau et sur les muqueuses, surtout celles des organes de l'appareil respiratoire et des régions voisines des orifices naturels.

Les eaux d'Enghien offrent moins de ressources dans les formes sèches et squameuses, telles que le pityriasis et le psoriasis.

Elles sont contre-indiquées chez les malades irritables, névropathiques, et chez lesquels les manifestations cutanées coïncident avec des névralgies et des névroses.

Affections catarrhales. — Ce sont les maladies que l'on traite le plus fréquemment à Enghien, et sur lesquelles les eaux exercent l'action la plus constante, la plus efficace, souvent suivie de succès complets; et, de l'avis de tous les médecins qui les y ont observées, il est bien peu de malades qui n'en aient ressenti tôt ou tard l'heureuse influence. Sous ce nom générique, on désigne les inflammations chroniques des membranes muqueuses des divers appareils de l'économie, ayant pour principal caractère une altération dans leurs fonctions de sécrétion, coïncidant avec un état congestif plus ou moins généralisé, et qu'elles reconnaissent pour origine une cause occasionnelle, ou qu'elles soient dominées par une influence diathésique, le plus ordinairement scrofuleuse ou herpétique.

Parmi ces affections catarrhales traitées à Enghien, les plus nombreuses sont celles vulgairement désignées sous le nom de maux de gorge : rarement circonscrites, elles sont le plus ordinairement liées les unes aux autres par la communauté de structure et de fonctions des organes : elles ont pour siège les fosses nasales, le pharynx, le larynx, et coïncident ou non avec la même affection des bronches, ou catarrhe bronchique.

Par rapport aux unes et aux autres, voici les déductions pratiques tirées d'un très grand nombre de cas et d'observations recueillies, depuis longues années, dans la clinique d'Enghien :

1° *Coryzas, rhinite chronique*. — Les résultats sont excellents et les guérisons nombreuses dans la forme catarrhale simple, mais persistante, rebelle et à récidives fréquentes, le plus ordinairement sous l'influence du froid et des variations brusques de température; il en est de même dans la forme sèche, avec manifestations herpétiques, et pouvant être produite par l'extension des dartres à la pituitaire.

Dans la forme chronique ulcéreuse ou ozène, le traitement thermal demande plus de variété, de persévérance, et est souvent plus péniblement supporté; les résultats en sont moins certains; il peut y avoir, quand l'ozène est sous la dépendance de la syphilis, opportunité de recourir concurremment à la médication spécifique.

Dans tous les cas, le traitement local joue un grand rôle, et l'emploi de la pulvérisation et des douches nasales est surtout indiqué.

2° *Pharyngites*. — *Partielle, amygdalite*. — Rare chez l'adulte, l'amygdalite catarrhale chronique est fréquente chez les enfants depuis la première enfance jusqu'à la puberté ; cette fréquence est plus marquée chez les filles, où il existe souvent une relation manifeste entre le molimen menstruel et les poussées congestives qui se font du côté des amygdales, et on l'observe chez les enfants des deux sexes entachés de lymphatisme ou prédisposés à la scrofule.

L'hypertrophie des amygdales a des connexions intimes avec l'amygdalite chronique et, après en avoir été la conséquence, devient à son tour la cause efficiente des récidives successives et envahissantes qui se reproduisent avec une grande facilité.

Dans ces deux formes de l'amygdalite, les eaux d'Enghien produisent de très bons résultats, mais à condition d'y avoir recours avant que le tissu de l'amygdale ait subi des modifications profondes et qui réclament alors l'excision complète ou partielle.

Pharyngites. — Que l'inflammation chronique occupe simultanément ou isolément les amygdales, la paroi postérieure du pharynx, le voile du palais, la luette et les piliers, les diverses pharyngites traitées à Enghien peuvent être classées de la manière suivante :

1° Les pharyngites de nature purement catarrhale, offrant une augmentation de la sécrétion normale, avec ou sans altération du produit de cette sécrétion, et coïncidence de l'hypertrophie des glandules, constituant la variété désignée sous le nom de pharyngite granuleuse, folliculeuse ou glanduleuse ;

2° Les pharyngites dites herpétiques, et plus souvent en rapport avec les affections sèches qu'avec les affections humides de la peau ;

3° La pharyngite de nature rhumatismale ou arthritique, coïncidant avec un état rhumatismal bien défini, et surtout caractérisée par un aspect sec, luisant et ridé de la muqueuse, dont la sécrétion normale semble complètement arrêtée ;

4° Les pharyngites de nature spécifique, dues à l'infection syphilitique et présentant, indépendamment des symptômes propres à ce virus, des complications se rapportant à l'état catarrhal et à la constitution lymphatique ou scrofuleuse.

La statistique a montré que dans ces diverses espèces de pharyngites, les succès les plus nombreux ont lieu dans les cas de pharyngites catarrhales ; puis viennent les pharyngites sèches, arthritiques ; la pharyngite glanduleuse est celle qui résiste le plus et présente des récidives plus fréquentes, recidives qu'il faut du reste rattacher à l'usage du tabac et à l'abus des boissons alcooliques.

Laryngites. — Dans la plupart des cas, le pharynx et le larynx étant atteints simultanément, à ne considérer que l'origine, la nature ou la forme de l'affection, les indications restent les mêmes. Les laryngites qui sont le plus favorablement influencées par les eaux d'Enghien sont :

1° *La laryngite catarrhale chronique* ou secondaire, succédant à la laryngite aiguë, qu'elle peut prolonger indéfiniment ; à cette forme se rattache celle dite *hypertrophique*, dans laquelle on observe l'épaississement de la membrane muqueuse du larynx et du tissu cellulaire sous-muqueux, par suite d'une inflammation chronique de cet organe ;

2° *La laryngite glanduleuse* ou *granuleuse*, souvent primitive, survenant d'emblée par suite de l'excitation et de l'inflammation des glandules ; elle occupe de préférence la muqueuse des cartilages aryténoïdes et la base de l'épiglotte. Elle peut, dans certains cas, coïncider avec les autres lésions attribuées à l'herpétisme et à l'arthritisme ;

3° *La laryngite tuberculeuse.* — Cette grave maladie, évoluant presque toujours avec la tuberculose pulmonaire, quand elle est confirmée, offre peu de prise à la médication thermale. L'usage des inhalations et des pulvérisations, dont les effets sont particulièrement applicables au traitement des laryngites, comporte une grande prudence dans la forme tuberculeuse, car si dans quelques cas l'action de l'eau pulvérisée peut rendre la toux moins fréquente, l'expectoration moins pénible, il en est d'autres où elle peut augmenter les accidents. Des faits que j'ai observés il résulte que si les eaux d'Enghien, comme du reste les autres eaux sulfurées, peuvent rendre quelques services dans la première période de la laryngite tuberculeuse, elles sont contre-indiquées dans la période ulcéreuse et nécrosique.

Bronchite chronique; catarrhe bronchique. — Dans cette affection au contraire les eaux d'Enghien ont une efficacité constante, et les nouveaux procédés introduits dans leur mode d'administration n'ont fait que développer leur action vraiment élective sur la muqueuse des voies respiratoires.

Elles conviennent dans le catarrhe chronique des bronches à ses divers degrés, c'est-à-dire depuis la simple susceptibilité à contracter une bronchite sous l'influence du froid ou des variations brusques de température, jusqu'aux catarrhes chroniques anciens, compliqués, dans l'âge mur et chez les vieillards, de bronchorrhée, d'emphysème et de dilatations bronchiques.

Elles sont plus spécialement indiquées dans les cas suivants :

1º Dans la bronchite chronique, primitivement locale ou accidentelle, dont la persistance ou la répétition ont pour causes les imprudences ou les mauvaises conditions hygiéniques, favorisées par une certaine prédisposition individuelle et indépendante de tout état diathésique.

2º Dans les catarrhes chroniques, liés au lymphatisme et à la scrofule. La bronchite scrofuleuse dont il s'agit ici et que l'on observe souvent chez les enfants, a pour caractères les attributs de la constitution scrofuleuse d'une part, et de l'autre une expectoration de crachats visqueux, abondants, coïncidant avec de gros râles humides et disséminés, et ne doit pas être confondue avec celle concomitante de la phtisie chez les scrofuleux.

3º Dans les catarrhes herpétiques, c'est-à-dire coïncidant ou alternant avec des maladies de la peau.

A côté du catarrhe bronchique et de ses variétés se placent, au point de vue des bons effets des eaux d'Enghien, l'*asthme bronchique* et la *coqueluche*.

Dans l'asthme, il faut distinguer celui dans lequel domine l'élément nerveux, coïncidant chez certains malades avec la diathèse arthritique, ou goutteuse, et auquel ne conviennent pas les eaux d'Enghien. Elles donnent au contraire de très bons résultats dans l'asthme compliqué d'état catarrhal. Dans ces cas, tous les malades éprouvent un rapide soulagement dans les salles d'inhalation ; l'atmosphère pulvérisée détermine la sédation de la dyspnée, rappelle l'expectoration, et la maladie entre, après un nombre variable de séances, dans une période de calme et d'amélioration.

La *coqueluche* subit la même influence : dans certains cas et sous l'action de l'hydrogène sulfuré porté directement sur la muqueuse laryngo-bronchique, il se produit une amélioration très rapide, et l'emploi de l'inhalation sulfureuse dans cette maladie constitue une méthode rationnelle et digne d'être plus souvent mise en pratique.

Après les affections catarrhales ayant leur siège dans les voies respiratoires, et sur un second plan, il convient de placer celles que l'on observe dans les organes génito-urinaires.

Les eaux d'Enghien exercent une action stimulante sur la muqueuse uro-poiétique, qui se traduit par une diurèse abondante, et, chez les graveleux, par une expulsion souvent considérable, pendant les premiers jours, d'acide urique ou de dépôts phosphatiques. Il en résulte, et l'observation clinique n'a fait que confirmer les faits déjà signalés par Rayer, qu'elles ont une efficacité réelle dans les catarrhes de vessie, indépendants de corps étrangers, d'engorgements considérables de la prostate et de rétrécissements de l'urèthre.

Presque toujours aussi, ajoutait Rayer (1), on obtient des eaux d'Enghien administrées en bains, en douches et en boissons, des effets salutaires dans le traitement de certains catarrhes de la vessie, avec rétention incomplète de l'urine et affaiblissement des membres inférieurs qu'on observe, soit chez des malades atteints de rhumatismes chroniques, soit chez d'autres affectés de pertes séminales ou d'une maladie de la moelle épinière.

On les emploie utilement dans la *blennorrhée* succédant à une uréthrite aiguë, et, chez la femme, dans les leucorrhées abondantes liées à la chlorose, à l'anémie ou à l'herpétisme, et coïncidant ou non avec des éruptions cutanées de voisinage.

---

(1) Notes adressées à M. le Dr Réveillé-Parise par M. le Dr Rayer, alors médecin inspecteur des Thermes d'Enghien.

MALADIES DIVERSES

Dans ce groupe et sous ce nom, nous comprendrons les affections locales ou générales dans lesquelles on utilise les propriétés stimulantes des eaux d'Enghien, fournissant dans ces cas les éléments de la médication tonique, reconstituante et résolutive.

Chlorose et *Anémie*. — L'anémie ou appauvrissement du sang est caractérisée par la diminution de sa masse totale, ou par celle de ses globules et un changement de proportionnalité dans les éléments constitutifs de sa partie liquide ou sérum. La chlorose, plutôt spéciale au sexe féminin, est une névrose compliquée d'anémie. Les variétés de l'anémie sont nombreuses ; qu'elle soit générale ou locale (ischémie), elle est presque toujours secondaire et la conséquence de l'âge, de l'épuisement du système nerveux, d'hémorrhagies abondantes, d'intoxications particulières, ou de l'évolution des maladies chroniques, telles que les dyspepsies, l'albuminurie, le diabète, les maladies utérines, celles diathésiques ou constitutionnelles.

On utilise les eaux d'Enghien dans ces diverses anémies, mais plus particulièrement quand l'appauvrissement du sang est greffé sur le lymphatisme, produisant ces chloroses torpides qui s'observent surtout dans le jeune âge et contre lesquelles les préparations martiales sont souvent impuissantes. Dans ces cas, on peut, à Enghien, combiner l'emploi de la médication sulfureuse aux ressources qu'offre une installation hydrothérapique complète.

Maladies utérines. — Les métrites chroniques du corps ou du col de l'utérus, coïncidant avec des leucorrhées abondantes, et liées à la diathèse lymphathique ou herpétique, sont favorablement influencées par les eaux d'Enghien, mais en dehors de toute poussée irritative, et en les administrant de préférence sous forme de douches révulsives.

Paralysies. — Les eaux d'Enghien sont employées d'une manière efficace dans les cas de paralysies périphériques, reconnaissant pour cause des impressions accidentelles, celle du froid par exemple, ou liées à des états diathésiques ayant pour caractères communs l'asthénie et l'appauvrissement fonctionnel du système nerveux : telles sont les paralysies d'origine rhumatismale ou névralgique, avec ou sans atrophie musculaire ; les paralysies de l'enfance et en particulier celles succédant à la diphthérie ; celles dues à l'anémie, à la chlorose ; celles consécutives à l'accouchement, et aux maladies graves ou d'épuisement.

Quelques cas heureux permettent de les utiliser dans l'*ataxie locomotrice*, mais avec la réserve de ne s'en servir que pendant la période congestive.

Les eaux d'Enghien sont contre-indiquées dans tous les cas de paralysie sous la dépendance d'une lésion organique des centres nerveux, qu'elle soit d'origine cérébrale ou spinale.

Affections chirurgicales. — Les eaux d'Enghien exercent sur les plaies scrofuleuses et leurs trajets fistuleux une action modificatrice et cicatrisante. — Elles conviennent également dans la coxalgie, les tumeurs blanches, dans lesquelles tout travail phlegmasique a disparu, et elles agissent alors sur les engorgements péri-articulaires, entretenus par la prédominance du tempérament lymphatique et scrofuleux.

On peut en outre les utiliser dans certains cas de fractures consolidées ou de luxations réduites, mais ayant laissé après elles de la raideur articulaire ou de la gêne dans les mouvements dus à l'atonie musculaire, et entretenues par l'appauvrissement de l'organisme, qu'entraîne souvent les accidents du traumatisme.

TABLE.

Préface . . . .

PREMIÈRE PARTIE

Situation 7
Les eaux 8
Les établissements 10
Action physiologique 12

DEUXIÈME PARTIE

Thérapeutique, indications et contre-indications . . . 12

   A. Maladies diathésiques générales 13
      Scrofules 13
      Syphilis 14
      Arthritisme et rhumatisme 15
      Tuberculisation pulmonaire 15

   B. Maladies des organes et appareils 17
      Dermatoses 17
      Affections catarrhales : coryzas, pharyngites, laryngites, bronchites 18
      Asthme et coqueluche 21
      Affections catarrhales des voies génito-urinaires 22

   C. Maladies diverses 23
      Chlorose et anémie 23
      Maladies utérines 23
      Paralysies 23

   D. Affections chirurgicales 24

PARIS — IMP. MOTTEROZ

Rue du Four, 54 bis.